COUP D'OEIL

SUR

NOS POSSESSIONS

D'OUTRE-MER.

Les événements survenus à Taïti au sujet de la reine Pomaré, détrônée coup sur coup par deux amiraux français, dont l'un, M. Dupetit-Thouars, a été désavoué et rappelé, et dont l'autre, M. Hamelin, le sera peut-être bientôt, prouvent, sans réplique, au cabinet et aux Chambres, combien il est difficile d'administrer de Paris, les pays lointains qu'ils ne connaissent pas. On devrait enfin comprendre qu'il y a impossibilité à gouverner et à réformer les contrées d'où l'on est absent. Les cas fortuits y trompent toutes les prévisions. Il faut donc nécessairement donner un pouvoir presque absolu, des instructions larges, d'une exécution facile et d'une extrême clarté aux gouverneurs qu'on y envoie pour représenter la France. Là, surtout, la nature des choses résiste aux idées fausses

1845

conçues dans le silence du cabinet ou dans l'agitation tumultueuse d'une assemblée. En vain s'obstinera-t-on à les faire triompher en dépit des lieux , des temps et des mœurs. Dans l'incident de la reine Pomaré, le ministère s'est livré à l'idée fausse d'ériger en protectorat la conquête plus ou moins déguisée de l'île. Qu'en est-il résulté? que les Taïtiens ont repoussé cet ordre de choses à double entente, et que les amiraux français se sont trouvés placés dans l'alternative, pour rentrer dans la réalité des choses, ou d'abandonner le pays, ou d'en prendre franchement possession. L'idée de protectorat est un faux juste-milieu que notre politique ne parviendra jamais à faire concevoir aux sauvages de la mer du Sud. Par une erreur analogue, dans le projet de loi sur les colonies, adopté par les Chambres, on s'est flatté de trouver un juste-milieu, qu'on asseoit sur une pente glissante entre l'esclavage et la liberté. On voudrait que le noir fût libre et que le blanc fût maître, de même qu'on voudrait à Taïti que la marine française disposât du pays, et que la reine Pomaré, ou le régent nommé pour la remplacer, régnât pour la forme et s'en contentât. D'un côté, on veut satisfaire les abolitionistes et les philantropes ; d'autre part, on voudrait ne pas indisposer les Anglais. Ces réflexions, appuyées sur des faits qui deviendront plus graves à mesure qu'on persistera dans la voie qu'on suit, devraient persuader aux ministres et aux Chambres, aux premiers surtout, d'abandonner Taïti, ce qui serait sage, ou de s'en emparer, ce qui serait conséquent ; aux

Chambres, de laisser le temps, qui marche à grands pas, démolir l'esclavage, comme il a été détruit dans tous les pays d'où il a disparu. En définitive, tenons pour certain que chaque fois qu'un pays, soit colonie, soit métropole, est florissant, les habitants y jouissent d'une part de bonheur qui justifie le maintien de l'ordre existant. Un orateur éloquent a dit avec raison que l'appauvrissement du maître faisait le malheur de l'esclave. Le gouvernement, en supprimant la traite, a fait, pour amener l'abolition progressive de l'esclavage, tout ce qu'on pouvait raisonnablement exiger. Il ne doit pas se livrer aux innovations ultérieures que le parti démocratique sollicite imprudemment ; elles entraîneraient la destruction plus ou moins prompte de toute subordination, et le renversement des colonies. En vain appliquerions-nous toutes les ressources de notre marine à maintenir à Taïti un protectorat qui n'est qu'une conception vide de sens; en vain emploierions-nous aux colonies tous nos efforts pour amener à bien l'ordre de choses qu'on veut y introduire, et dont les deux lois sur les colonies, présentées dans cette session, forment le vestibule, nous ne rencontrerions que des échecs et des catastrophes. Les nègres, les sauvages ont au moins cela de bon leur cerveau étroit et sain n'admet pas les idées fausses, ne se laisse pas abuser par les mots. Ainsi, ils ne comprendront jamais une liberté dans laquelle le travail sera obligatoire, un protectorat où le protégé sera sans cesse contrarié dans ses affections, une royauté sans volonté personnelle. En Algérie, par des erreurs analogues à celles que nous voudrions conjurer, en Algérie, faute d'avoir su comprendre, comme le faisaient les Turcs, malgré leur peu de lumières, le système de l'occupation restreinte, établi avant notre arrivée, nous avons été réduits à conquérir tout ce qui se trouvait devant nous, et à ne pouvoir plus rencontrer le point d'arrêt convenable, le vrai juste-milieu que nous avons négligé de saisir en temps opportun. Dominés par les antécédents, nous sommes condamnés à ne plus nous arrêter dans le mal et dans le faux, c'est-à-dire dans la conquête, si ce n'est par l'épuisement des forces. Trente mille hommes avaient suffi à Bonaparte pour s'établir en Égypte, quoiqu'on fût en guerre avec l'Angleterre ; cent mille hommes ne suffisent pas, en temps de paix, au maréchal Bugeaud, excellent général d'ailleurs, et qui n'est pas inférieur en mérite à Kléber, pour tenir en respect l'Algérie (1).

On ignore trop que c'est manquer le but que de le dépasser. Pour les colonies où l'esclavage, atténué et surveillé, n'est plus qu'un travail tolérable, et une espèce de domesticité, le vrai juste-milieu consiste dans le maintien actuel des choses. Aux conditions où sont placés les nègres, on trouverait facilement en France et en Angleterre, dans les pays manufacturiers, et surtout en Irlande, où la faim est à l'ordre du jour, des individus qui s'empresseraient d'accepter leur sort. Ce qui le prouve, c'est qu'on dirige déjà vers les colonies

(1) M. le maréchal Bugeaud a eu deux opinions sur Alger, la première seulement était la bonne.

des immigrations de travailleurs blancs et même de noirs engagés, et que l'Angleterre a été la première à en donner l'exemple. Le travail est une peine; nul homme ne s'y soumet volontiers, nos lois sur le vagabondage en sont la preuve. En faisant trop pour les nègres, songe-t-on quels embarras on s'attirerait de la part de nos prolétaires des villes, toujours mécontents et ambitieux d'améliorer leur position souvent pénible; ils menacent de se soulever chaque fois que le travail manque ou est mal rétribué, en sorte que la loi de la concurrence, la seule qui puisse régler le travail dans un état libre, ne leur convient déjà plus. Quelle digue opposera-t-on à leurs exigences, quand ils sauront que les nègres sont plus heureux qu'eux?

Les Français seront-ils éternellement la dupe des mots? ne voudront-ils jamais aller franchement au fond des choses? Compromettront-ils sans cesse la paix intérieure et la prospérité dont ils sont redevables à la sagesse du Roi, en se créant de nouveaux périls, en se lançant dans de nouvelles entreprises?

Relativement aux colonies, comprenez que, dès que vous donnerez au nègre une entière liberté, semblable à un enfant paresseux, il se plongera dans toute espèce de vices, et se refusera au travail. Prétendrez-vous l'y contraindre? Il se révoltera en ayant pour lui la logique et le nombre. Ainsi, plus de colonies avec vos principes (1).

(1) Le travail régulier, surtout le travail de la terre, est un des plus grands moyens de moralisation qu'il y ait pour l'homme

En Algérie, où vous voulez fonder une nouvelle colonie très coûteuse, pendant que vous détruisez les anciennes qui sont très productives, vous ne cesserez de verser sans fruit des millions et des armées, si vous ne changez de système. L'idée de peupler ce pays de Français, quand il a déjà assez d'habitants, n'obtiendra aucun succès. Deux populations, de mœurs et d'origine différentes, vivant l'une à côté de l'autre sur le même sol, ne sympathisent jamais ; l'une tend toujours à asservir ou à expulser l'autre.

Relativement à Taïti, il faut de deux choses l'une, ou y être les maîtres et l'occuper militairement, ou bien renoncer à faire faire nos volontés aux chefs de cette île.

Un mot encore sur les colonies. — Dans tout gouvernement représentatif, les Chambres ont le droit de voter l'impôt, mais non de disposer de la propriété ; de protéger le propriétaire, mais non de le ruiner ; de conserver et de défendre son bien, mais non de le confisquer, soit au profit de l'État, soit au profit de leurs passions ou de leurs systèmes. C'est compromettre la propriété que d'en disposer sans le consentement formel ou présumé de ceux à qui elle appar-

en général, et notamment pour les classes inférieures, qui cherchent à s'y soustraire chaque fois qu'elles le peuvent. Or, elles le peuvent toujours aux colonies. L'esclavage a donc, aux colonies, une raison qui le rend nécessaire, même à certain point dans l'intérêt des nègres. Ceux-ci, d'ailleurs, se traitent entre eux beaucoup plus mal que les colons ne les traitent. Ce serait les punir beaucoup que de les ramener dans leur pays. C'est ce que les Anglais ont bien compris ; ils conduisent ceux qu'ils délivrent à Sierra-Leone, et de là dans leurs colonies, où ils restent à jamais exilés du sol natal.

tient. Quand un peuple veut pourtant en user ainsi, car un peuple a quelquefois des volontés auxquelles il est impossible de résister, alors il doit, au préalable, indemniser, à dire d'experts, ceux auxquels il porte préjudice. Voilà ce que les principes et la justice proclament. Tout le monde les adopte, nul n'ose les heurter de front, mais trop souvent on les conteste dans l'application.

Si tels sont les devoirs de la Chambre élective envers les propriétaires qui l'ont choisie, ces devoirs deviennent plus impérieux envers ceux qui ne l'ont pas nommée, et qui peuvent soutenir n'être pas représentés par elle comme ils devraient l'être. Or, les colons n'ont point concouru à la nomination de la Chambre, ils n'y sont point représentés directement.

Quand un révolutionnaire s'écriait : Périssent les colonies plutôt qu'un principe ! il avait raison, les principes doivent passer avant tout ; il se trompait seulement sur la nature du principe qu'il invoquait. Aujourd'hui qu'on est plus éclairé, on devrait dire : Sauvons les colonies afin de ne laisser périr aucun principe. Or, de tous les principes, la propriété est le plus sacré, celui sur lequel tous les autres reposent.

Montesquieu a dit : Malheur au peuple qui vit sous le joug d'un peuple libre ! Ne réalisons pas cet axiôme à l'égard des colons ; faisons mentir l'histoire, qui nous apprend que chaque fois que des peuples libres ont possédé des colonies, ils les ont opprimées quand elles étaient petites, ou perdues quand elles étaient

grandes, en les réduisant à la nécessité de se soustraire, par la séparation, aux vexations qu'ils faisaient
peser sur elles.

Les Chambres, par les deux lois qui leur ont été
présentées sur les colonies, et par les conséquences
presque inévitables qui en découleront, vont entraî-
ner la ruine de ces établissements, amoindrir la
France, affaiblir le pays. Telle n'était pas leur inten-
tion, tel n'était pas assurément le mandat qui leur a
été confié. Si nous pouvions faire passer dans les
esprits la conviction de cette vérité, il faudrait au plus
tôt chercher un remède, s'il en est un, à ce mal immense. Quel serait-il ? On n'en voit d'autre que de
supplier le roi d'accorder aux colons le droit de représentation directe. Puisqu'on veut absolument, de
parti pris et sans appel, soumettre les colonies aux
délibérations des Chambres, et leur retirer la faible
portion de pouvoir législatif que leur conférait la loi
du 24 avril 1833, appelée la *Charte coloniale*, on
ne peut refuser de leur reconnaître les mêmes avantages, les mêmes droits que ceux des Français de la
métropole. A quel titre pourrait-on les leur refuser?
La logique et la raison n'en aperçoivent aucun.

En conséquence, assimilant les colonies à des dé-
partements français, il faudrait autoriser chaque colonie à nommer quatre députés, moins la Guyane
qui n'en élirait que deux. On aurait ainsi quatorze
députés pour Bourbon, la Guadeloupe, la Martinique
et la Guyane réunies.

Quatorze députés contre quatre cent soixante-trois,

c'est bien peu , sans doute ; ils seront condamnés à une éternelle minorité. N'importe, mieux vaut encore être imparfaitement représenté que de ne l'être pas du tout. Le pouvoir royal, destiné à rétablir l'équilibre entre les intérêts en souffrance ou mal compris et ceux qui tendraient à devenir prépondérants ou oppresseurs, ne saurait d'ailleurs leur faire défaut et renoncer ainsi à la plus belle de ses attributions.

Un objet essentiel à réserver, c'est qu'à l'époque où arrivera la question de l'indemnité, celle-ci, avant d'être votée par une loi, soit réglée par une réunion composée des députés des colonies et d'autant de députés désignés par le ministère.

La Charte ordonnant, en cas de dépossession, une équitable indemnité, et toute indemnité insuffisante étant une spoliation, on ne saurait élever de contestation sérieuse sur le moyen proposé de l'arbitrer.

Un grand peuple, un grand Roi doivent savoir être justes ; ils ne peuvent songer à accorder une indemnité dérisoire, quand une large indemnité a été promise. Or, pour être juste, il faut que chaque partie fasse également valoir ses droits.

Une indemnité, pour être équitable, ne peut être fixée par une seule partie.

Quant aux dispositions de détails, il serait facile de les régler.

Les colléges électoraux des colonies seraient composés des propriétaires payant la quotité d'impôts exigée par la loi électorale qui est en vigueur actuellement.

Les députés des colonies seraient nommés et choi-
sis indifféremment, soit parmi les colons, soit parmi
les éligibles de la métropole et aux mêmes conditions.
Ils siégeraient et voteraient jusqu'à l'admission à la
Chambre, des députés destinés à leur succéder.

Telles seraient les mesures auxquelles il suffirait de
s'arrêter.

Malgré toute la répugnance que les innovations
inspirent à une classe de propriétaires, qui en a toujours été la victime, on ne peut se dissimuler que le
pas immense que les Chambres viennent de faire
rend nécessaire le parti que nous indiquons. Les colons sont donc réduits à solliciter de la couronne cet
acte de justice. Ils veulent être soumis au Roi, mais
ils ne peuvent consentir à être livrés sans défense à la
discrétion des abolitionistes. Ils auraient préféré beaucoup au régime qui va s'organiser celui de la Charte
de 1814, qui soumettait les colonies à la volonté
du pouvoir exécutif, ou même la loi organique du
24 avril 1833, appelée, comme il a été dit, la Charte
coloniale par tous ceux qui l'ont votée ; mais ces
moyens de protection ont disparu. Du moment où
ces garanties des libertés coloniales sont renversées,
le Roi peut-il se dispenser d'accorder aux colons
les mêmes droits politiques qu'aux autres Français ?
La question ne saurait être douteuse, quand on
s'apprête à élever au rang de citoyen l'esclave, qui
abusera de ce droit parce qu'il n'y est pas préparé.
Néanmoins, ne craignons pas de le redire, on fera
bien de retarder, autant que l'impatience française

le permettra, cette immense faute politique et finan-
cière. On ajournera d'autant la décadence de notre
marine, la perte de 50 millions d'exportations an-
nuelles et la chute de nos établissements, qui sera
bien plus rapide que celle des colonies anglaises.
Celles-ci n'ont pas eu à soutenir la concurrence du
sucre indigène ; elles ont lutté long-temps contre leur
destinée avec toutes les ressources de la Grande-Bre-
tagne, qui s'était fait un point d'honneur et comme
un devoir de religion d'amener à bien le rêve d'une
philantropie exaltée. Ce n'est qu'en dernier lieu
que l'Angleterre, en désespoir de cause, a abandonné
l'œuvre qu'elle avait entreprise, en permettant,
moyennant un droit modéré, l'introduction du sucre
venant de ses possessions de l'Inde. Il ne faut pas se
flatter que les colons français, profondément décou-
ragés par l'expérience anglaise, qu'ils ont vue échouer
sous leurs yeux, placent aux colonies le montant de
l'indemnité qui leur sera allouée, ni qu'ils l'emploient
à accorder des salaires excessifs au travail libre qui,
jusqu'ici, paraît antipathique à la race noire. Celle-ci,
dès que l'émancipation sera proclamée, sera donc
abandonnée à sa propre impulsion. Les amis du pro-
grès verront alors le commerce et la marine française
retomber à peu près à l'état où ils étaient avant
la découverte de l'Amérique ; car nous n'avons pas
l'Inde pour nous dédommager des pertes que nous
allons nous causer. Notre marine militaire, n'ayant à
protéger que des établissements improductifs, n'aura
plus d'objet. Notre marine marchande et nos navires

de long cours ne pouvant plus se diriger que vers les possessions des autres peuples, se trouveront à la merci de ces derniers, et seront forcés de subir les conditions qu'il leur plaira d'imposer.

Avant l'émancipation, en 1828, les colonies anglaises, sans comprendre l'Inde, produisaient 220 millions de kil. de sucre ; elles n'en produisaient plus, en 1844, que 122 millions. Or, comme les frais d'exploitation d'une sucrerie absorbent au moins les deux tiers du produit brut qu'elle procure, quand elle est placée dans les conditions de travail les plus favorables, les colons anglais, depuis l'émancipation, auraient été sans revenus, si le prix du sucre n'avait pas doublé par suite du monopole de l'approvisionnement de la métropole, qui leur avait été réservé (1). Ce monopole, devenu intolérable pour les consommateurs, vient de leur être retiré ; comment résisteront-ils à ce dernier coup ? Nos colonies rapportent 90 millions de kil. ; on n'en obtiendrait, sous le régime du travail libre, que 45 millions de kil., dont la valeur ne suffirait pas pour couvrir les frais de culture.

— On a fait honneur à la religion chrétienne de l'abolition de l'esclavage. Il faut lui attribuer seulement la cessation des mauvais traitements infligés aux esclaves, et l'adoucissement des mœurs, qui rend leur condition très supportable. Les Espagnols, dont on ne contes-

(1) En 1834, le sucre, à Londres, valait 64 fr. 54 c. les 100 kil. en entrepôt. En 1840, le prix s'était élevé à 120 fr. 85 c.

tera pas les sentiments religieux, sont le peuple qui a
le plus d'esclaves. L'esclavage, en Europe, suite de la
conquête, a pris fin dès que le produit de l'esclave
n'a plus suffi pour nourrir et entretenir ce dernier.
Les maîtres dès lors ont dit à leurs esclaves : « Nous
vous affranchissons, travaillez nos terres, nourrissez-
vous vous-mêmes, et nous prélèverons la part qui
nous conviendra sur les produits que vous obtien-
drez. » Cet état de chose a été le *servage* qui existe
encore en Russie.

Plus tard, on a dit aux serfs : «Vous vous plaignez de
la part arbitraire que nous nous attribuons sur vos
récoltes ; nous nous plaignons, à notre tour, de l'im-
perfection de votre culture. Nous allons prendre à
loyer votre travail, en vous payant à la journée, et
vous aurez vous-mêmes à pourvoir à votre entretien
et à celui de votre famille, sans que nous ayons à nous
en mêler, ni à vous laisser résider sur nos terres,
qu'autant que cela nous conviendra pour les besoins
de notre exploitation. Le superflu de votre popula-
tion ira vivre au voisinage, dans des concessions de
terres que nous consentons à vous faire. »

L'abolition de l'esclavage, là où elle s'est opérée
naturellement, a donc été un calcul.

Aux colonies, pour voir succéder le régime de l'affranchissement au régime de l'esclavage, laissez arri-
ver un mouvement de civilisation, qui améliore assez
la position du nègre et rende assez nombreux ses besoins, qui, du reste, chez lui comme chez l'ouvrier,
vont toujours en augmentant, pour que les revenus

du maître ne suffisent plus à pourvoir aux frais de l'esclavage.

Économiquement parlant, personne dans l'Europe civilisée, ne serait assez mauvais administrateur et assez ennemi de ses intérêts pour consentir à avoir des esclaves. Le travail libre s'y achète à meilleur marché, par la concurrence, que ne reviendrait le travail esclave avec toutes les obligations qu'il entraîne pour le maître.

Une révolution, analogue à celle du passage de l'esclavage à l'affranchissement, a eu lieu en France et même en Europe, sur presque tous les points. Le renchérissement des journées, eu égard au revenu du sol, ayant rendu le travail salarié trop coûteux pour la plupart des propriétaires, ceux-ci ont fait ces propositions aux paysans, qui les ont acceptées : « Cultivez les terres qui nous appartiennent, sans que nous ayons à rien dépenser, et vous nous donnerez la moitié de la récolte. On a eu ainsi *les métayers ;* le tiers ou une autre fraction déterminée, on a eu ainsi les *colons partiaires ;* une somme fixe en argent, on a eu les *fermiers.* » Le paysan est ainsi devenu l'associé du maître.

Que ne laissons-nous le temps opérer son effet aux colonies comme il l'a opéré en Europe? Les révolutions utiles s'accomplissent d'elles-mêmes. Le tort de l'homme est de vouloir les précipiter ; il en compromet ainsi tout le fruit.

CONCLUSION.

Cet écrit, en ce qui a trait aux colonies françaises, a été composé sous l'influence de cette idée que chaque fois qu'on parlera aux colons d'émancipation ou d'indemnité, ils devront réclamer la représentation directe, afin de ne pas rester à découvert devant les Chambres, et demander concession pour concession, droit pour droit, en vue de fournir à la Royauté un nouvel appui pour les défendre, et de nouveaux moyens pour s'éclairer sur leurs besoins. Si la démocratie pousse à l'uniformité et à l'égalité, elle doit les accepter en tout, au lieu de faire, parmi les innovations, un choix arbitraire au gré de ses passions, qui sont trop ardentes pour qu'on ne doive pas s'en méfier. Et d'abord, si elle avait été animée par des idées de justice, n'aurait-elle pas depuis long-temps voté, sur la proposition qui en a été faite, l'abolition immédiate du privilége dont jouit le sucre indigène, qui ne sera soumis à l'égalité des droits qu'à une époque où la ruine des colonies sera peut-être consommée? Les colons souhaiteraient le maintien de l'ordre existant en ce moment; ils ne voudraient pas l'échanger malgré ses imperfections contre un avenir couvert de nuages, mais il ne faut pas rendre leur condition intolérable. Ils consentent à ployer, mais ils ne voudraient pas être brisés. Les colonies sont des établissements artificiels créés par le génie, les efforts et l'industrie de l'homme. Pour les conserver

et en retirer les avantages qu'on peut en attendre, il
faut les aimer, les favoriser, et, pour ainsi dire, veiller
sur elles comme sur un enfant délicat et fragile dont
l'existence ne tient qu'à un souffle, au lieu de leur ap-
pliquer la rigueur du droit commun, au lieu de les
traiter en ennemies, en accueillant contre elles toutes
les préventions. C'est ce qu'avait bien compris
Louis XVIII, en les plaçant hors de la Charte, et en
les soumettant à un régime particulier, sous l'influence directe de la protection royale. On aurait dû
avoir une assez bonne opinion de celle-ci dans un
état monarchique constitutionnel, et surtout sous le
prince qui nous gouverne, pour croire que la Royauté
ne tolérerait ni ne sanctionnerait jamais aucune in-
justice, et pour reconnaître qu'elle a besoin d'une
certaine latitude pour bien gouverner. Les mêmes
institutions, les mêmes formes de gouvernement, le
même mode d'administration ne conviennent pas à
tous les peuples ; elles varient et doivent varier selon
les climats. Montesquieu a consacré une grande
partie de l'*Esprit des Lois* à démontrer cette vérité.

Juin 1845.

Imprimerie de P. Baudouin, rue des Boucheries-Saint-Germain, 35.

www.ingramcontent.com/pod-product-compliance
Lightning Source LLC
Chambersburg PA
CBHW050226070726
47598CB00018B/1934